原传

陈式太极拳

三十六肘靠

◎李湘山　兰玉顺　著

北京体育大学出版社

策划编辑：郭英俊　潘海英

责任编辑：潘海英

责任校对：赵红霞

版式设计：李　鹤

图书在版编目（CIP）数据

陈式太极拳三十六肘靠 / 李湘山, 兰玉顺著. —— 北京 : 北京体育大学出版社, 2022.3（2022.6重印）

ISBN 978-7-5644-3624-7

Ⅰ.①陈… Ⅱ.①李… ②兰… Ⅲ.①陈式太极拳 Ⅳ.①G852.11

中国版本图书馆CIP数据核字(2022)第035351号

陈式太极拳三十六肘靠

CHENSHI TAIJIQUAN SANSHILIU ZHOU KAO

李湘山　兰玉顺　著

出版发行：北京体育大学出版社
地　　址：北京海淀区农大南路1号院2号楼2层办公B-212
邮　　编：100084
网　　址：http://cbs.bsu.edu.cn
发 行 部：010-62989320
邮 购 部：北京体育大学出版社读者服务部 010-62989432
印　　刷：唐山玺诚印务有限公司
开　　本：880 mm×1230 mm　　　1/32
成品尺寸：148 mm×210 mm
印　　张：4.75
字　　数：137千字
版　　次：2022年3月第1版
印　　次：2022年6月第2次印刷
定　　价：38.00元

作者简介

李湘山

字清泉，号岭南闲人，1968年出生于河南省永城县（今永城市），本科学历，中共党员，现供职于东莞市市场监督管理局塘厦分局。李湘山先生自幼习练传统武艺至今已有四十余载，年少时曾习少林拳、长拳、查拳、弹腿、八极、通背、劈挂等诸多传统拳、械。随着对武术的深入研究，李湘山先生现主攻心意拳、形意拳、太极拳、八卦掌，曾先后得到李良之先生、张喜堂先生、杨德华先生、王富先生、王振华先生、宋光华先生等多位当代武术名家的悉心传授，艺得其中三昧。

李湘山先生演武可谓"秀若处女，肆如猛虎。静若山岳，动如脱兔"，将内家拳的束与展、裹与放及身法的起、落、进、退、收、纵、反、侧等的配合相得益彰，八面玲珑，六面螺旋，周身一家，混元一体，内气鼓荡。李湘山先生武功造诣深厚，为人和善，尤喜国学，常吟诗作赋陶冶性情，被武术界的朋友称为"武坛宿将"。

李湘山先生曾多次在国际、国内大型的武术赛场上折桂，艺惊四座。李湘山先生在《少林与太极》《武魂》等期刊上发表学术论文多篇，出版《陈式太极拳一路八十三势》教学光碟一部，出版《中国形意拳三体势桩功》著作一部。2016年被《中华武术》杂志刊发的《中国当代武林人物志》收编入册；2018年被《中华武术》杂志刊发的《中华武术创刊三十五周年大型画册》采编收录。2010年荣获"广东省优秀武术辅导员"称号，2011年荣获"全国优秀武术辅导员"称号。

兰玉顺

男，1963年出生于河南省焦作市，大专文化，回族。

1970年，跟随父亲兰凤瑞学习沧州六合弹腿、查拳。

1973年，在焦作清真寺学习教门弹腿、查拳，追随杨花堂师父学习中国跤、散打。

1975年，跟随沧州亲戚刘爷学习四门刀、猴拳。

1977年，跟随山西太原张小虎学习山西通背拳，同刘学帮学习洪洞通背拳。

1981年，陈照奎大师在焦作市办学习班，参与其学习，同年又追随张喜堂先生习练陈式太极拳、械。

1984年，参加冯志强大师在焦作的授课，沐浴了大师拳学风采。

1999年，与教门中心意拳名家马雷石先生相识，相谈甚欢，得到了马雷石先生的倾囊相授。

学海无涯，艺无止境。求真求实求圆通，悟得真谛度人生。

 序 言

闪肘靠，靠沾连

掤捋挤按意占先

进退顾盼妙生辉

三十六肘把空填

三十六肘靠又称"闪肘靠、三十六肘捶"，隶属于陈式太极拳高级体系，外人很难得窥。该拳以意行气，以气催力，混元一体，猛疾刚烈，环环相扣。手、肘、肩、胯、膝、足、拳背、尺骨、数拳并用，一式多发，劲节精妙，变幻莫测。

何为肘？简而言之，前臂与上臂充分折叠处即为肘。肘尖骨质坚硬，接触点小，力度大。修炼闪肘靠的目的明确。从技击角度讲，闪肘靠突出靠沾连的打击频率及打击效果。谱曰："远腿近拳贴身肘，拳轻掌重肘丧命""宁挨十拳，不挨一肘""远使拳脚手，近用肩肘靠"，由此可见，肘捶的特殊性。从养生角度讲，肘击命隙在于腰，主宰于肩，肩松了，肩胛就开了，肩胛打开，力源进来，为肘击注入动力。同时

经常揉练肘捶，对预防肩周炎、颈椎病有特殊功效。

陈式太极拳讲究"大圈用于练气、练功，小圈用于技击、自卫"。湘山先生的闪肘靠，小圈微循环到极致，动作小巧紧凑，攻防意识鲜明，可整套练习，也可拆为单操，既能单势散手，又可连贯组合，换劲不换势，得力又合理，日久功深，与心意拳有异曲同工之妙，兼具形意拳"裹、践、钻"之劲道。

今应湘山先生之邀，为其大作作序，不胜荣幸。有道是：学道容易入道难，入道容易守道难；守道容易悟道难，悟道容易行道难。吾与湘山先生亦有渊源。1996年吾于北京习太极，有幸成为一代宗师冯志强先生再传弟子，而湘山兄的一位老师，也是冯师公亲传弟子。而本书所述"三十六肘靠"，吾当年也曾习之。老拳如老酒，老酒赠老友，读到书稿欣然又亲切。

"拳熟肘难练，好学却难精。""肘带身，打点滴；身带肘，大隐矣。""局部整体三个圆，出手入肘点线面。""知阴阳则善变，即为太极！"闪肘靠乃太极先贤秘传瑰宝，风格独特，鲜为人知。其套路精练，层次分明：擒拿擒打、缠丝闭穴、分筋挫骨、欺身夺位、惊炸抖弹，一层功夫一层认识。

闪肘靠，肘打左右盘旋，打前挑后掏，打魁星提斗，打三向二挣，打八方鼓荡。令人神往，人莫能敌。短兵相接，肘打折叠。肘法有肘法的特定规律，因为短，所以鞭长莫及。因为短，所以险过剃刀。抗暴肘捶不同于擂台肘技，训练方法、技术风格迥异。如果你体重轻，个不高，一定要在肘上突破，而不是拳脚与摔跌。肘过如刀，肘破如刀。双肘博弈，功力置前。肘短节险，破势为先。没有打练养，何言守破离？松到极致，自然紧凑，缠丝拧裹，不死不休。

湘山先生身上有着中原文化的古朴、厚道、睿智，多年客居南粤，无丝毫浮夸之风。湘山先生爱岗敬业，广交武林同道，日月穿梭，知天命之年仍练功不辍。闲暇之余，著书立说，精进学术。湘山先生深谙拳理心法，教学严谨，引领读者步入内家拳殿堂，触摸内家拳核心，逐渐达到知拳、识拳、懂拳、悟拳、通拳的全新高度。湘山先生融河北派、山西派形意拳于一身，玩味半生，深得内家拳学之精髓。

观湘山先生演拳，无论是形意，还是太极，总能令人感受到拳架转换中的暗流涌动，能量巨大，澎湃如钱塘江涨潮。形似中求神似，意领身随，开合有致。周身意在神，而不在力。在力则拙，也不在气，在气则滞。湘山先生行拳，神气鼓荡：神能役气，气能使力，气催力到，气依神行，有无法超越的神韵！

陈鑫有言："落在纸上，皆成糟粕。"湘山先生教学多年，深晓利弊，求真务实，不变主题。"纸上得来终觉浅，绝知此事要躬行"，为此，湘山先生身体力行，植被桃李，义务教学，风雨无阻，将拳学经验"传、帮、带"，无私布道于后学。

昔日五虎下江南，
北拳南教美名传。
今有湘山来传艺，
德艺双馨耀岭南。
武林豪杰来较技，
内劲抖炸令人寒。
犯者立仆墙挂画，
内家神功不可言。

宁秋离
岁在己亥深秋作于湖北襄阳

宁秋离

　　20世纪60年代末出生于湖北古城襄阳，心意六合出身，武汉体育学院散打专科出道，国内流浪教学第一人，1999年开创"残道武学"，以诗化武学，空灵跑打，独步武林。

前　言

　　三十六肘靠又称"闪肘靠、三十六肘捶"，是陈式太极拳系的高级捶法、肘捶，通过一路、二路、器械、推手、桩功及各项功力训练之后，可更好地由推手过渡到散手，真正实现"急来则急应、缓来则缓随，因敌变化而动、察敌意向而击，通身是手、吞吐自如，轻灵圆活、内外一体的至高境界"，是逐步提高散手技击水平所必修之捶法。

　　三十六肘靠是陈照奎大师于20世纪70年代秘密传授的捶法。由于三十六肘靠的实用价值颇高，又能贯穿陈式太极拳的技法精髓，外称"三十六肘靠"，内称"闪肘靠"，故传人较少。"闪"为心法、用法，闪者即闪身而进，劲力惊弹短促，有电闪雷鸣之势。"三十六"则是指练法、功法、健身养生之法。三十六肘靠的训练可以有效地加大肩、肘、胯、膝、胸、背的螺旋转动角度，去除身体内残余的僵力，进一步加强身体的灵活性，提升随机应变的敏感度，加强贴身近打的实战功能。

习武感悟

李湘山

习武如把高峰攀，

觅求明师做指南。

若得艺中无穷趣，

勤学苦练贵心专。

丙申年（2016年）冬作于广东东莞

目 录

第1章

习拳须开窍

一、传统太极拳的动作过于冗长烦琐

　　但凡练习太极拳者，大多都是从套路入手，这样一是便于熟练身法，调整呼吸与动作的配合，有利于身心的锻炼，从而达到健身的目的；二是可以提升对太极拳的兴趣，享受套路带来的无穷快乐，进而可以长期坚持锻炼。只有极少数老师偏重技击，会从单势入手，直插太极真谛。

　　陈式太极拳的动作是由走圈和弧线构成，以练内气与神意为主，练养结合，性命双修，内涵深邃。每个招式的攻防含义比较含蓄，让人难懂，容易走偏，不像其他门派的拳法，一招一势的攻防意识鲜明，易练易用。陈式太极拳的每一势都含有无数的变化，真正明白其理法之后，太极拳的八门（掤、捋、挤、按、采、挒、肘、靠）五步（进、退、顾、盼、定）十三势，都应蕴含在陈式太极拳的每一势之中。练习者只有全部掌握陈式太极拳的训练脉络后，方能窥其真容。

二、误认松紧

  练习太极拳讲究从松柔入手，"极柔软才能极坚刚"，但有些人练拳不敢完全放松地去练，有些人全身放松了之后，又坚刚不起来。其实，这都是没有弄明白"松"与"紧"关系的表现。放松并不是练习太极拳的最终目的，而是通过全身放松地训练，使气血畅通、呼吸和顺、筋骨放长、肢体动作协调，从而爆发出内外合一的惊弹抖炸劲力。松与紧是相对的，松不能脱离紧，紧不能脱离松，松紧、紧松两相依。正所谓：

    松紧本是拳中枢，误认松紧入歧途。

    松而不懈紧非僵，莫把软硬当柔刚。

    松为蓄，紧为发，松紧蓄发只为打。

    松也打，紧也打，化打合一方成家。

三、心浮气躁

　　功夫是练习者在正确方法的指导下，通过一段时间的艰苦磨炼，付出一定的心血和汗水，才能得到的一种能量。要想学好一门功夫，得到老师的悉心传授，练习者首先要具备较好的人品和吃苦耐劳的精神，还须得到老师的认可。每位德高望重、有真才实学的老师，都是经过上一代老师的种种考验，经历无数的磨难，才取得今天的成就的。有些人刚刚学上几天的拳法，就四处炫耀，人前显圣，这样的人怎么能练出好的功夫呢！陈式太极拳的每个动作，都蕴含高深的哲理和精妙的用法，每个招式在用的时候，都是千变万化的，因敌方的变化而变化，这样练未必能这样用。因此，陈式太极拳的练习者只有拥有谦虚谨慎的态度，戒骄戒躁，掌握正确的方法，潜心修炼，才能终有所成。

四、被假大师蒙蔽

　　有些人为了谋取私利，昧着良心去骗，以讹传讹，执于误人。有些人还没有练几天拳，就自称为"名家"，还没有搞明白拳是怎么回事，就"创式立派"。不知其所谓的"名家"是谁所封，其"创式立派"又几人认可！"名家"易找，"明师"难求，世上练拳者多如牛毛，而真正懂拳者比牛角还稀少！余自幼就喜欢听武林故事，看武侠小说。据说董海川老前辈刚出道时，武林同道问他练的是哪家拳，他讲是："别开天地，另立一家，八卦掌。"此言一出，立刻引起武林界的轰动，各地的武林高手纷纷到北京找董海川老前辈较技，通过无数次的比武之后，八卦掌为武术界所公认，成为一门优秀拳种，同时也流传出一段段同董海川老前辈比武的佳话。

　　形意拳之所以讲"一年可以打死人"，究其根源就在于动作简洁明了，攻防意识强，五行为功，十二形为用。中国近代崛起的散打运动，之所以上手快，实战能力强，其根本原因就是动作少，便于掌握学习，虽然只是几种拳法、腿法、摔法、步法的组合，但是凝聚了中国传统武术的精华。其实，只要能把太极拳的理法搞明白，太极拳一样能很快练出功夫。余自认为，太极拳是八门（掤、捋、挤、按、采、捋、肘、靠）为功，五步（进、退、顾、盼、定）为用，只要能把八种劲力熟练掌握，运用好五步，即可在短时间内上擂台，进入实战的境界。至此，即兴赋诗一首：

太极真意

太极运行阴阳分，

一动一静互为根。

起转变化圆中求，

开合蓄发意要真。

拳含四劲八方力，

脚踏五步似流云。

势势盘练求灵意，

招招御敌显其魂。

　　当然，任何一派的拳法都有着极为严格的训练方法和心法窍要，绝对不是靠蛮练、死练就能达到峰顶的。要想练出点真东西，一是要靠师父的正确引导，言传身教。二是要靠刻苦练习，切实体悟，天赋异禀也占有一定的因素。"武艺虽真窍不真，费尽心机枉劳神"真实地涵盖了开窍的重要性。"形而上者道艺也，形而下者武艺也。"巧练、善悟才是通往至高境界的唯一途径。

本书所介绍的三十六肘靠，则是陈式太极拳的经典之笔。整个拳势的巧妙互换，劲力的多方位运用，通身各部位的化打一体，均展现了陈式太极拳的精妙所在。练习者只有常练、巧练、善悟，脱离套路的束缚，功深日久，方能体悟到陈式太极拳真实丰富的内涵。

第 2 章

三十六肘靠概述

一、传授三十六肘靠的历史背景

此套三十六肘靠系陈照奎大师所传授，传授时间是20世纪70年代初期。陈照奎大师原在北京某建筑公司工作，因当时为整理陈式太极拳的书籍，还要推广陈式太极拳，就辞去了工作，全身心地投入到发扬陈式太极拳的事业上；为了更好地传承和发扬陈式太极拳，把家传绝学三十六肘靠、三十六绵掌公开传于世人。

三十六肘靠是贴身近打，肘、膝、肩、胯、足连环互用，凶猛无比。三十六棉掌则是以步法见长，势势有转换，进退有攻守，出入敏锐，旋转轻灵圆活，顺敌势，化敌力，走闭闪转，接拿化发，颇显屈伸吞吐之妙。但学得此套掌法的弟子较少。

陈照奎大师教拳时与弟子们一起练习，但自己练功时，是不让他人看的，据陈照奎大师的部分弟子讲，极少有人见过陈照奎大师完整地练过一套拳法。同时，陈照奎大师教拳注重因材施教，教学内容及方法也因人而异。

二、三十六肘靠的实用价值

陈式太极拳是一支独立的拳派，有完善的理论体系、独特的拳法风格、科学的练功方法，以及独到的技击技巧。拳法、器械、单双兵器、长短兵器无一不备，内息外练无所不精，技击养生统一拢聚。

三十六肘靠则属于陈式太极拳系的高级捶法，以意行气，以气催力，内外通透，完整一体，猛疾刚烈，势势连环，拳、肘、肩、胯、膝、足、拳背、尺骨、数拳并用，一势多发，劲力精巧，变幻莫测。

肘部为手臂中节，屈臂成肘，肘尖部位骨质坚硬，用于击打，杀伤力极强。练习三十六肘靠的目的主要是提升贴身近打的实战水平及打击效果。谱曰："远腿近拳贴身肘""宁挨十手、不挨一肘""拳轻掌重肘索命"。远用拳手脚，近用肘膝靠，由此可以看出肘靠的重要性。

陈式太极拳讲究大圈用于练气、练功，小圈用于搏击、防身。三十六肘靠属于实战性拳法，小圈微循环到极致，动作小巧紧凑，攻防意识鲜明。练习者可做整套练习，也可将其拆为单操训练，既能单势单独使用，又可做连贯击打。换劲不换势，日久功深，三十六肘靠与形意拳有异曲同工之妙。

　　在一路、二路、推手等各项训练，如抖大杆子、桩功练习及体能、反应等训练均具备一定的基础之后，再认真练习三十六肘靠，方能得其窍要，体悟三十六肘靠的真实内涵。

三、练习三十六肘靠的一些基本要求

（一）松活慢练，熟练动作的运行轨迹

三十六肘靠的动作细腻，小巧、精练，对周身的协调性要求较高，特别是要扣肩力、合胯劲，内外相合，周身一家，处处要得劲，势势要顺遂，要由慢入手，继而熟练。

（二）动作宜舒展，劲意要放远

练好三十六肘靠，首先要让肩、肘、胸、腰放松并舒展放长，逐步加大螺旋转动的角度，处处解放，互不牵扯。

（三）快慢相间，不失松活弹抖

练习三十六肘靠要先慢后快，动作力求做到平稳有序，快而不乱，慢而不散，由最初的三分钟打一遍，到后来的一分钟打三遍，逐步完成"出手不见手、打人如同走"的高级境界。

四、部分动作的单独训练

　　三十六肘靠包含多种内涵。肘靠是肘尖连同前臂同时向前击打。靠为寸靠，贴身近打，包含有肩靠、胸靠、背靠、胯靠、膝顶靠等靠打之法。

　　练习者要想熟练掌握三十六肘靠的技击奥妙，一方面要刻苦训练，另一方面要能明白每招每势的劲力变化。本书把套路中具有代表性的动作拆出来，以便练习者进行单独练习、重点掌握，通过一段时间的训练，待有一定的认识后，再进行整个套路的练习，这样会更容易理解本套路的精髓和内涵。

　　（1）平肘：两臂夹紧，屈臂成肘，两臂平行，使用前臂至肘尖部位，向前击打对方，如饿虎扑食。

　　（2）立肘：两臂夹紧，屈臂成肘，使拳面朝下、肘尖朝上，如霸王观阵。

　　（3）顶肘：两臂夹紧，屈臂成肘，使用肘尖部位向左、右平行击打。

　　（4）挑肘：两臂夹紧，前臂在上，使肘部向上方击打，如虎抱头、上挑肘。

　　（5）折肘：折肘为采拿之法，两臂夹紧，使用前臂向前下方滚臂下压，同时另一只手的手掌与前臂相合，如横空折肘。

（6）坐肘：身体重心下沉，两胯后坐，双肘向身后击打，如双坐肘。

（7）截肘：截肘有拦截之意，主要用肘截击对方的中节部位，如双截肘。

（8）迎门肘：迎门肘法主要是迎锋而进，平肘、立肘、截肘、顶肘、穿心肘等均可使用，如护心拳、迎面撞钟。

（9）穿心肘：主要用于左、右侧斜上方的击打，前臂与上臂夹紧，两臂平行，手掌顶住拳面以助发力。

（10）上提肘：上臂在上、前臂在下，两臂夹紧向身体侧面斜上方或后面斜上方顶击。

（11）弧形肘：弧形分左、右弧形，主要是避开对方拳势，弧线击打对手，此肘用法巧妙。

（12）下沉肘：两臂夹紧，屈臂成肘，拳面朝上，使用肘尖部位垂直向下方击打。

第3章

三十六肘靠图解

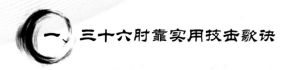

一、三十六肘靠实用技击歌诀

闪肘靠打美名扬，三十六势技精良。

出势饿虎把食扑，直取要害奔太阳。

霸王观阵蓄意真，迎面撞钟击敌心。

一条鞭挞炸面门，满脸开花怪吓人。

刘海砍樵在软肋，腰斩白蛇瘫敌身。

迎门横击顺来势，伺机而进找其根。

龙形裹横招法疾，敌想逃脱谈何易。

夜叉探海侧身进，单把撩阴奇更奇。

双熊出洞来势猛，双截肘击人难敌。

虎抱头势攻中防，后坐双肘敌暗伤。

左右穿心敌胆丧，横空折肘擒贼王。

弧形肘法巧中取，上挑肘去杀机藏。
霸王迎客怀中引，胸靠背靠敌惊忙。
反背擂捶双向打，老僧披衣意气长。
双擒打势膻中找，游龙戏水划锋芒。
护心拳肘凶异常，肝胆破碎见阎王。
当头炮打迎锋进，当门炮击劲意强。
横扫千军气势足，闪身钻进切喉骨。
赶步栽捶剜敌心，金刚捣碓上下顾。
闪肘靠打三十六，势势应敌称妙术。
若君悟透此中艺，驰骋武林把妖服。

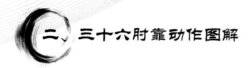

二、三十六肘靠动作图解

◆ **预备势（无极势）**

（1）身体直立，脚跟靠拢，头顶目顺，身体中正，双手自然下垂于大腿外侧。

（2）两膝微屈，重心下沉缓移至右腿，左膝轻提向左侧横跨一步，与肩同宽。

（3）两手由下向上掤起至与肩同高，身体重心下沉，松胯蹲身，两膝微屈；双手随身体重心下沉的同时松垂至两胯前；目视前方。（图3-1至图3-3）

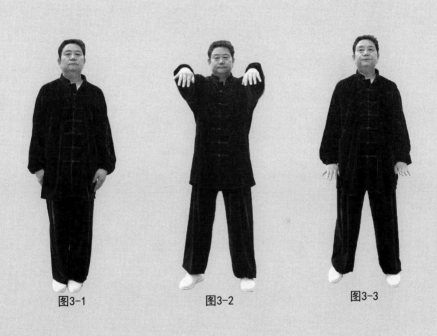

图3-1　　　　　　　图3-2　　　　　　　图3-3

◆ **第一势：右平肘（饿虎扑食）**

身体左转，右脚向右前方迈踏一步；同时，右臂随着身体的转动由下向前上方画弧，置于身体右前侧，左手自然伸直，置于左腰胯处；右肘顺势向前上方击打，左掌与右肘前臂交合。（图3-4至图3-6）

要义：

　　左脚向前方迈步应有弧形之意，右脚上步击肘与身形要协调一致，身形不可散乱摇晃，要轻灵圆活，注视前方，力贯肘尖，神意贯注全身。

图3-4   图3-5   图3-6

◆ **第二势：右上后立肘（霸王观阵）**

身体重心后移，右脚后撤半步，前脚掌点地，身体微下蹲，身体重心下沉至脚底；同时，右肘置于右肩上方，肘尖朝上，左手自然下垂于腹前；目视肘尖方向，神意贯注全身。（图3-7至图3-9）

图3-7　　　　　　　图3-8　　　　　　　图3-9

◆ 第三势：前立肘

（迎面撞钟）

右脚向前方上步踏地，呈右弓步之势；右肘尖呈弧形由上而下顺势向正前方撞击，左手置于右上臂处；目视前方。（图3-10至图3-14）

图3-10

图3-11

要义：

上步撞击肘打时，要借助身体向前冲击的惯性而出，力达肘尖，左脚要蹬地助力。

图3-13

图3-12

图3-14

◆ 第四势：右正拳背（一条鞭）

右拳向前上方崩弹打出，身形微左转，左掌置于胸前。
（图3-15、图3-16）

要义：

右拳向前上方崩弹打出时，要趁着撞肘的余力未消之际而出，有连绵之劲意，身形微左转，以助劲力伸展放长。

图3-15

图3-16

◆ **第五势：右内尺骨背靠（刘海砍樵）**

身形微右转，带动右臂螺旋转动向右画弧后，继而向身体左侧击打，拳心朝上，左掌置于左腰胯处。（图3-17、图3-18）

要义：

在手臂螺旋转动的同时，周身都相随而动，特别是右臂向身体左侧击打的时候，要合住胯力。

图3-17　　　　　　　　图3-18

◆ 第六势：右内拳背（迎门横击）

身体重心后坐，右脚后撤半步，前脚掌着地，呈右虚步之势；右臂屈臂呈半弧形向右后方将带，右拳置于右侧上方，高于太阳穴，左掌同时变拳置于左胯前。（图3-19）

图3-19

◆ 第七势：右外桡骨（龙形裹横）

（1）身体重心下沉，右脚向前方上步；右拳画弧至右腰胯处，左掌置于右胸前，微下存身。（图3-20）

（2）右脚在前，呈右弓步之势；右臂顺势向右前方横击而出，左掌同时下捋至左腰胯处；目视右前方。（图3-21）

要义：

收步蓄劲与上步发力击打应完整一体，借助身体前冲之惯性，力达前臂外桡骨，右肘要下沉定位，左手下捋与右臂前击形成前后争衡之势。

图3-20　　　　　　　　　图3-21

◆ **第八势：右内大背靠（夜叉探海）**

（1）右拳变掌，螺旋向上画弧至胸前上方，与左掌交叉；同时重心后移至左腿。（图3-22至图3-24）

（2）继而右掌向前下方撩出，左掌护于右腮处；身体下沉，呈右仆步之势。（图3-25）

要义：

　　此势身法运动较大，转换时要控制身体重心，保持平稳，身体下沉要有进攻之意，力点集中于上臂处，也可以用右手探抓对方的裆部要害部位。

图3-22

图3-23

图3-25

图3-24

◆ 第九势：双肘底开花（双熊出洞）

（1）身体右转上起，重心后移，右脚后撤半步；屈臂成肘，双手画弧置于身体的腰胯处，身形微下存身。（图3-26至图3-29）

（2）右脚向前方上步，呈右弓步之势；双肘顺势向前方撞击而出，双手拳面朝上。（图3-30、图3-31）

图3-26

图3-27

图3-28

图3-29

图3-30

图3-31

◆ 第十势：双侧靠（双截肘）

（1）身体重心后坐于左腿，右腿后撤半步；双肘自然下沉至两肋处。

（2）右脚向前方上步，左脚同时向前滑半步；双肘顺势向前方击打，两前臂呈交叉状。（图3-32至图3-35）

图3-32

图3-33

图3-34

图3-35

◆ 第十一势：上双肘底开花（虎抱头）

右脚继续向前上步，左脚前滑半步；双手在身前画一立圆后，双肘顺着身体前进的惯性向前上方击打，呈虎抱头之势。（图3-36至图3-40）

图3-37

图3-36

图3-39

图3-38

图3-40

◆ 第十二势：撤步双后肘（后坐肘）

　　身体重心后移，左脚向后方撤一步，身体呈半坐之势；右脚回收半步，前脚掌着地，呈右虚步之势；双肘顺势向身后弧形击打。（图3-41、图3-42）

图3-41

图3-42

◆ **第十三势：左外侧背靠（龙形裹横）**

（1）右脚上提并下沉击地，左脚迅速提起向前方上步；同时，左拳在身前画一立圆后置于胸前，右拳置于右腰胯处；身形微下存身，重心偏于右腿。（图3-43）

（2）身体重心前移，呈左弓步之势；左前臂顺势向前方横击而出，拳心朝上；目视左前方。（图3-44）

要义：

　　左前臂向外横击时，要与右手下捋有争衡之力，特别要注意松肩沉肘。

图3-43 　　　　　　　　　　图3-44

◆ **第十四势：左上后立肘（霸王观阵）**

身体重心后移，左脚后撤一步，与右脚平行而立，前脚掌点地，身体微下蹲，身体重心下沉至脚底；同时，左肘置于左肩上方，肘尖朝上，右手自然下垂；目视前方，神意贯注全身。（图3-45、图3-46）

图3-45　　　　　　　　图3-46

◆ 第十五势：左前立肘（迎门撞钟）

左脚向前方上步踏地，呈左弓步之势；左肘尖由上而下顺势向正前方撞击，右手置于左腰胯处；目视前方。（图3-47至图3-50）

图3-47

要义：

上步撞击肘打时，要借助身体向前冲击的惯性而出，力达肘尖，右脚要蹬地助力。

图3-48 图3-49 图3-50

◆ **第十六势：左内尺骨背靠（刘海砍樵）**

身形微左转，带动左臂螺旋转动向左画弧后，继而向身体右侧击打，拳心朝上。（图3-51至图3-53）

要义：

在手臂螺旋转动的同时，周身都相随而动，特别是左前臂尺骨向身体右侧击打的时候，要合住胯力。

图3-51　　　　　　　　　图3-52　　　　　　　　　图3-53

◆ **第十七势：左内拳背（迎门横击）**

身体重心后坐，左脚后撤半步，前脚掌着地，呈左虚步之势；左拳弧形向左后方捋带，置于左侧上方，高于太阳穴。（图3-54）

图3-54

◆ **第十八势：左穿心肘**

（1）左拳变掌画弧至腹前，再变回拳与右掌相合；同时左脚回收至右脚脚踝处，前脚掌着地。（图3-55）

（2）左脚向左侧横跨一步，右脚横跟半步，前脚掌着地；左肘顺势向左侧上方顶击，右掌依旧推动左手拳面，以助左肘发力。（图3-56、图3-57）

图3-55   图3-56   图3-57

◆ 第十九势：右穿心肘

右脚向右侧横跨一步，左脚横跟
半步，前脚掌着地；右手画弧至腹
前，屈臂成肘，右肘顺势向右侧上方
顶击，左拳变掌推动右手拳面，以助
右肘发力。（图3-58至图3-61）

图3-58

图3-59　　　　　　　图3-60　　　　　　　图3-61

◆ 第二十势：左肘靠折空下沉（横空折肘）

（1）左脚向正前方上步，左手同时向前方画弧至身体左前侧。（图3-62）

（2）右脚向左脚前方扣步，身体呈半蹲之势；右肘顺势向身前下方折肘滚压，左掌与右肘前臂处相合。（图3-63、图3-64）

图3-62

图3-63

图3-64

◆ **第二十一势：左弧肘靠**

身形上起，右肘向左上弧形击打，左掌置于右拳面处，以助右肘发力。（图3-65）

◆ **第二十二势：右弧肘靠**

身形不变，右肘向右侧弧形击打。（图3-66）

◆ **第二十三势：右上肘底开花（上挑肘）**

身形微右转，右肘向右侧上方挑肘击打。（图3-67）

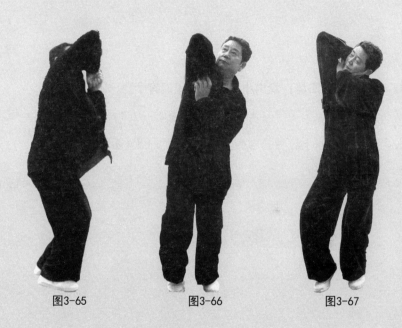

图3-65   图3-66   图3-67

◆ 第二十四势：双内小背靠（霸王迎客）

右脚向前方上步，呈右弓步之势；双臂画弧向前方内侧横击，双手拳心朝上，力达前臂内侧。（图3-68至图3-70）

图3-68

图3-69

图3-70

◆ **第二十五势：正胸靠**

双脚同时向前方滑步，双拳向身后旋转拧裹，使前胸凸起，向前方撞击。（图3-71）

图3-71

◆ 第二十六势：背靠

身体重心后坐，呈右虚步之势；后背凸起向身后撞击，同时双拳向身前下方旋转拧裹，以助后背发力。（图3-72、图3-73）

图3-72

图3-73

◆ **第二十七势：披身靠（反背擂捶）**

（1）右脚上提后再下沉击地，左脚向前方上步，呈马步之势；双拳同时画弧至腹前交叉相合。

（2）身形微左转，双拳同时向身体两侧劈砸，双手拳心朝上。（图3-74）

◆ **第二十八势：撇身靠（老僧披衣）**

身形微右转，双拳顺势向身前内侧旋转拧裹，拳心朝后。（图3-75）

图3-74　　　　　　　　　　　　图3-75

◆ 第二十九势：右侧双擒打（双擒打）

（1）右脚上提并迅速下沉击地，左脚收至右脚脚踝处，双拳变掌同时走上弧并下将至腹前。

（2）左脚向前方上步，呈左弓步之势；双手手掌顺势向前方推击，左掌在上，右掌在下，掌心朝前。（图3-76）

要义：

　　双手下将时要有擒敌之意，将对方将带至腹前后，迅速将敌击出。

图3-76

◆ **第三十势：右肩靠（游龙戏水）**

（1）右脚向前方上步，左脚向前跟半步，脚尖点地；双手手掌同时向身体右侧画弧，左手在下，右手在上。（图3-77）

（2）左脚向左前方上步，右脚向前跟半步，脚尖点地；双手同时向左前方画弧，左手在上，右手在下；凸出右肩向前方发力撞击。（图3-78）

图3-77

图3-78

◆ 第三十一势：护心拳

（1）右脚上提并迅速下沉击地，左脚收至右脚脚踝处，脚尖点地；双手同时在身前画弧至腹前。

（2）左脚向前方上步，呈半弓半马之势；屈右臂成肘，向身前撞击，左拳置于右肘下方。（图3-79）

图3-79

◆ 第三十二势：当头炮

（1）右脚上提并迅速下沉击地，左脚收至右脚脚踝处，身体呈半蹲之势；双拳同时在身前画弧至身体右胯处，拳心朝上。

（2）左脚向前方上步，呈左弓步之势；双拳顺势向前方崩弹打出，左拳在上，右拳在下；目视前方。（图3-80）

图3-80

◆ 第三十三势：回身当门炮

双拳在身前同时画一立圆后继续向左前方击打，右拳在上，左拳在下。（图3-81）

图3-81

要义：

腰胯要随着拳势的运转而转动，周身松活，内外一体。

图3-82

◆ **第三十四势：大侧身靠（横扫千军）**

（1）双脚向前滑一步，身体重心偏于右腿；双手在身前螺旋交叉画弧，右手与左肩处相合，左拳变掌置于右腰胯处。

（2）身形微左转，身体重心前移；左臂顺势向左前上方横击打出挒劲，右拳下捋至右腰胯处；目视左前方。（图3-82）

◆ 第三十五势：上步栽捶

右脚向前方上步，身体重心偏于右腿；右拳顺势向前方崩弹打出，左拳变掌捋带至右胸前；目视右前方。（图3-83）

图3-83

◆ **第三十六势：金**

刚捣碓

（1）右拳呈弧形上
击，同时引领右膝上提，
左掌下按至腹前，呈左腿
独立之势。（图3-84）

（2）右脚向右侧横
跨落步，身体微下坐胯，
身体重心偏于左腿；右拳
顺势自然下落，与左掌相
合于腹前。（图3-85）

图3-84　　　　　　　图3-85

◆ 太极收势

双手于腹前慢慢松垂至身体两侧，左脚收回与右脚靠拢，身体缓缓而立，使四梢之气回收丹田，全身放松，神意内敛。（图3-86、图3-87）

到此处的收势是原传的练法，如果想加大运动量，打回原位置收势，可在上步栽捶之后，不打金刚捣碓，直接打一个翻花舞袖转身，再打一个左搬拦肘，接右平肘（饿虎扑食），打回至上步栽捶后；再打翻花舞袖转身、左搬拦肘、右平肘（饿虎扑食）、右上后立肘（霸王观阵）、金刚捣碓、收势。以下简要介绍两个过渡衔接的动作。

图3-86

图3-87

◆ **翻花舞袖转身**

身体微向下蓄劲，双脚蹬地发力，使身体腾起向左后方翻身转体180°，双脚同时落地，右脚在前，左脚在后，身体重心偏于左腿，呈半蹲之势；双臂随着身体的转动由上而下向身前下方劈砍，右掌在前，左掌在后；目视前方。（图3-88、图3-89）

图3-88   图3-89

◆ 左搬拦肘

（1）双脚蹬地发力，使身体腾起向右转体180°，双脚同时落地，左脚在前，右脚在后，身体呈半虚半马之势，身体重心偏于右腿；双手随着身体的转动在身前螺旋式画弧至身体右腰胯处变拳，左拳心朝上，右拳心朝下；目视左前方。（图3-90）

（2）身体重心左移，身体向左转，双臂顺势向左侧横击发力，松肩沉肘，合助腰胯之力，依旧左拳心朝上，右拳心朝下。（图3-91）

（3）身体重心后移，左脚微后撤并绕弧形向前方上步，呈左弓步之势；左拳同时向前上方画弧，继而，右脚向前方上步，右臂屈臂成肘顺势向前上方击肘，左拳变掌合于右前臂处；目视右前方。

图3-90　　　　　　　　　　　　图3-91

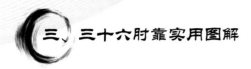

三、三十六肘靠实用图解

◆ **预备势（无极势）**

身体直立，脚跟靠拢，头顶目视，身体中正，双手自然下垂于大腿外侧。

◆ **右平肘（饿虎扑食）**

当对方拳头向我的面部打来时，左脚迎锋上步，左手弧形向外拦截控制住对方手臂，右脚顺势上步，用右肘击打对方的头部太阳穴或颈部、胸部，因势而变。本势可顺步打击，也可拗步打击。（图3-92、图3-93）

图3-92   图3-93

◆ 右上后立肘（霸王观阵）

当对方出拳向我的面部打来时，用右手顺势上架格挡，左拳随机而出击打对方的软肋及腋窝处。（图3-94）

◆ 前立肘（迎面撞钟）

任由对方拳脚袭来，左手顺势弧形向外拦挡，右脚顺势上步踏入对方中门，用右肘迎面撞击对方的胸部。（图3-95）

图3-94　　　　　　　　　　图3-95

◆ 右正拳背（一条鞭）

此势可以独立使用，也可以与上势配合使用，此时更能彰显其妙。利用左手拦截对方的手，顺势上右步踏入对方的中门，先用右肘击对方的胸部，继而用右拳面快速击打对方的面门。（图3-96）

◆ 右内尺骨背靠（刘海砍樵）

当对方的拳头向我的面部打来时，用左脚弧形向前上步，左手拦截对方的手臂，并顺势上右步，用右拳击打对方的软肋。（图3-97、图3-98）

图3-96

图3-97

图3-98

◆ 右内拳背（迎门横击）

当对方出右拳向我的面部打来时，用右手上架格挡并控制住对方的右拳，同时上右脚管控住对方的前腿，左手同时朝其肩部发力推按，合己右手及周身之力，攻击对方。（图3-99至图3-101）

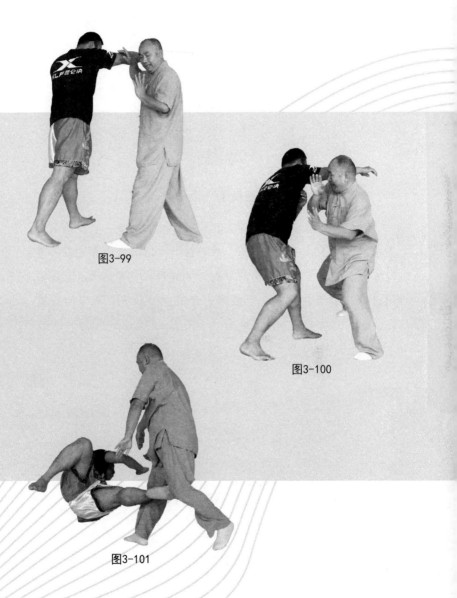

图3-99

图3-100

图3-101

◆ 右外桡骨（龙形裹横）

当对方的右拳向我的面部打来时，左脚迎锋而进，踏入对方中门，左手弧形外拦下捋，管控住对方的右臂，并上右脚至对方前腿的后方，同时出右臂向对方的颈部劈砸，当对方低头闪过后，右臂顺势向前穿插到对方的右臂腋下，继而回旋发力，向其身后击打，使其跌出。（图3-102至图3-105）

图3-102

图3-103

图3-104

图3-105

◆ 右内大背靠（夜叉探海）

当对方的拳、脚向我袭击之时，顺势侧身而进，用右手反抓其要害。此势为阴损之招，不遇仇敌，慎用。（图3-106）

◆ 双肘底开花（双熊出洞）

此势为强攻之势。当对方的拳、脚向我袭击时，左脚向前绕走偏锋，右脚踏入其中门，用双肘同时撞击对方的胸部。（图3-107）

图3-106   图3-107

◆ **双侧靠（双截肘）**

此势也为强攻之势。当对方的拳、脚向我袭击时，左脚向前绕走偏锋，右脚踏入其中门，用双肘同时剪击对方的两肋部位。（图3-108、图3-109）

图3-108　　　　　　　图3-109

◆ **上双肘底开花（虎抱头）**

此势为化打合一之势。当对方的拳头向我的头部击打时，用双手前臂上架格挡对方的手臂，同时用双肘上挑对方的胸部及下颚，继而顺势上右步钻进其中门，借助双肘下沉之势打击对方的胸部。（图3-110、图3-111）

图3-110

图3-111

◆ 撤步双后肘（后坐肘）

此势为防护解脱之势。当对方
由后面抱住我时，先用身体弹抖下
沉之力使对方的手臂露出空隙，然
后双肘后坐打击对方的肋、腹部
位。（图3-112）

图3-112

◆ **左外侧背靠（龙形裹横）**

此势与右势用意相同，唯方向相反，请参照右势之法。

◆ **左上后立肘（霸王观阵）**

此势与右势用意相同，唯方向相反，请参照右势之法。

◆ **左前立肘（迎门撞钟）**

此势与右势用意相同，唯方向相反，请参照右势之法。

◆ **左内尺骨背靠（刘海砍樵）**

此势与右势用意相同，唯方向相反，请参照右势之法。

◆ **左内拳背（迎门横击）**

此势与右势用意相同，唯方向相反，请参照右势之法。

◆ **左穿心肘**

当对方的拳、脚向我袭来时，步绕偏锋，并使用左肘顶击对方胸口部位，意穿敌背。（图3-113）

◆ **右穿心肘**

当对方的拳、脚向我袭来时，步绕偏锋，并使用右肘顶击对方胸口部位，意穿敌背。（图3-114）

图3-113　　　　　　　　　　　图3-114

◆ 左肘靠折空下沉（横空折肘）

此势为采打之法，先采拿而后击打。当对方的左拳向我的面部打来时，迎锋上左步，左臂顺势走弧形拦截对方的左臂，迅速上右步用右肘下沉截击对方的肘部中节部位，使其失去反抗能力，再顺其手臂用右肘击打对方头部。（图3-115、图3-116）

图3-115   图3-116

◆ **左弧肘靠**

用右肘向左走弧形击打对方的头部。（图3-117、图3-118）

图3-117   图3-118

◆ 右弧肘靠

用右肘向右走弧形击打对方的头部。（图3-119、图3-120）

图3-119　　　　　　　　　　图3-120

◆ 右上肘底开花（上挑肘）

当对方的拳头向我的面部打来时，用左臂格挡住对方的进攻手臂，上右步踏进对方的中门，用右肘向上挑击对方的下颚。（图3-121、图3-122）

图3-121　　　　　　　图3-122

◆ 双内小背靠（霸王迎客）

此势为强攻之势。当对方的拳、脚向我击打时，迎锋而进，步绕偏锋，用双手拳面击打对方的两肋部位。（图3-123、图3-124）

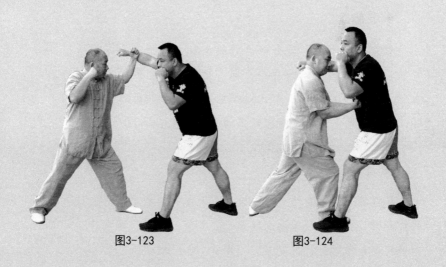

图3-123　　　　　　　　图3-124

◆ 正胸靠

胸靠属于寸靠，只有掌控好敌我双方的距离，方能尽显其妙。当对方的右拳向我的面部击打时，用左臂拦截对方的右臂，迅速上右步直接踏入对方的中门，当贴近对方的身体时，突发抖劲，用胸部撞击对方的胸部。（图3-125）

◆ 背靠

背靠属于贴身靠打之势，以后坐肘配合背靠更能增加对敌的威慑力。当对方从后面向我靠近，并想对我进行搂抱时，以后坐肘兼背靠同时打击对方。（图3-126）

图3-125

图3-126

◆ **披身靠（反背擂捶）**

披身靠为双向发力之势。用双拳背同时劈砸对方的面、胸部位。（图3-127）

◆ **撇身靠（老僧披衣）**

撇身靠属于截击之势。当左、右同时有敌人向我进攻时，用双手的拳、臂截击对方的关节部位。（图3-128）

图3-127

图3-128

119

◆ **右侧双擒打（双擒打）**

当对方的拳头向我的面部打来时，利用双手接引对方的拳、臂，向下捋采使其失重前倾。当对方身体感受到来力并有向后挣脱之意时，顺势用双掌撞击对方膻中穴。（图3-129、图3-130）

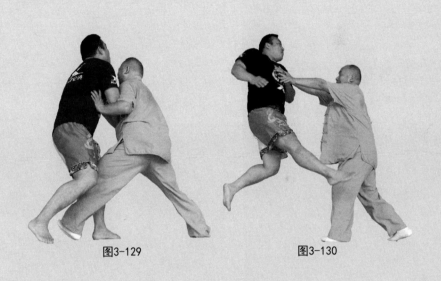

图3-129   图3-130

◆ **右肩靠（游龙戏水）**

当对方的拳头向我的面部击打时，用右手捋采对方进攻的
手臂，顺势上步，用右肩靠打对方。（图3-131、图3-132）

图3-131　　　　　　　　图3-132

◆ 护心拳

护心拳为划打合一之势。我用左拳向下拦截对方的攻势，右臂屈臂成肘扑打对方的胸部。（图3-133至图3-135）

图3-133

图3-134

图3-135

◆ **当头炮**

当头炮为迎击强攻之势。当对方向我发起攻击时，迎面而进，用双拳同时击打对方的颈、胸部位。（图3-136）

◆ **回身当门炮**

回身当门炮为回旋划打之势。当对方攻击我的头部时，利用身体的回旋避开对方的进攻，顺势利用双拳上、下同时击打对方的颈、胸部位。（图3-137）

图3-136   图3-137

◆ **大侧身靠（横扫千军）**

当对方用右拳击打我的头部时，上右步，用右臂弧形拦截并控制住对方的右臂，同时，上左步，用左掌削切对方的咽喉部位。（图3-138至图3-140）

图3-138　　　　　　　　图3-139

图3-140

◆ 上步栽捶

此势用于主动进攻或被动进攻均可。当对方的拳头向我进攻时，用左脚弧形绕步而进，左手同时外拦并向下捋采对方的进攻拳、臂，顺势进右脚踏入对方的中门，出右拳击打对方的膻中穴，意穿敌背。（图3-141、图3-142）

图3-141   图3-142

◆ **金刚捣碓**

此势为上、下齐攻之势，主动进攻与
被动进攻均可。当对方的拳头向我袭击
时，上左步，同时用左臂外拦并下捋对方
的拳、臂，顺势用右拳向上勾打对方的下
颚，右膝顶对方的腹部，脚尖勾踢对方的
裆部；向下沉势时，可用右拳背向下劈砸
对方的面、胸部位，脚蹬踩对方的膝关
节。（图3-143）这充分体现了陈式太极
拳周身一家、浑身上下都是手、处处都打
人的特性。

图3-143

◆ **太极收势**

双臂向下松沉，经由身体两侧画弧下按至丹田之处，并引领气息敛入丹田。左脚向右脚靠拢，身体缓缓而立，双臂自然松垂至身体两侧，全身放松。

后记

　　陈式太极拳自古就有"大圈练功、小圈打人""要想练好陈式拳，首先要把圈画圆，然后再把圈画小"的说法。其整体的练功程序是：先求开展、后求紧凑，开中寓合、合中寓开，先练功力、后求技击。

　　大圈主要是通过行拳，使自身的筋腱放长，松活有弹性；使周身的关节处处松开，虚虚相对；使气血畅通，内气腾然；使气息延长，增强丹田的弹抖发力；还可以加强周身的协调性、柔韧性、敏感性。这一切的功用都是为提升爆发力的打击力度做铺垫，为加强技击的应用效果奠定基础。

　　三十六肘靠整个套路短小精悍，劲力刁钻，忽隐忽现，打中有防，防中兼打，顾打合一。发力短促，迎锋而进，寸打为先，劲力变化巧妙，令人难以捉摸。扑意、钻意、塌意，意意相连，连绵不断。练起来如同狂风暴雨、闪电惊雷，刚疾猛烈，又有猛虎下山之气势，雄狮抖毛之神威，是难得的一套优秀拳法。

　　要想练好此套肘捶，最好要有一路、二路、推手、散手的基础，方能尽得其玄妙之处，彰显其独有的内涵与魅力。

　　由于本书的整理撰写时间仓促，加上作者的学识有限，难免会对本套捶法的认识有偏差，敬请广大读者批评指正，不胜感激。